Léo DESAIVRE

LA FAMILLE MABOUL

ET

LE CHATEAU DE FORS

Extrait des *Mémoires* de la Société de statistique,
sciences, lettres et arts du département des Deux-Sèvres.

SAINT-MAIXENT
IMPRIMERIE CH. REVERSÉ
1889

Léo DESAIVRE

LA FAMILLE MABOUL

ET

LE CHATEAU DE FORS

Extrait des *Mémoires* de la Société de statistique,
sciences, lettres et arts du département des Deux-Sèvres.

SAINT-MAIXENT
IMPRIMERIE CH. REVERSÉ
1889

Léo DESAIVRE

LA FAMILLE MABOUL

ET

LE CHATEAU DE FORS

Extrait des *Mémoires* de la Société de statistique,
sciences, lettres et arts du département des Deux-Sèvres.

SAINT-MAIXENT
IMPRIMERIE CH. REVERSÉ
1889

I. — LES PREMIERS MABOUL.

L'*Armorial* Bonneau (1) mentionne le plus ancien représentant connu de cette famille, en la personne de François Maboul (2), sgr de Ribray, échevin en 1529. De lui seraient issus Gilles Maboul, noble homme, sire échevin en 1534, et Jacques Maboul *sgr de Ribray*, pair de la commune, maire et capitaine en 1545, en 1553 et en 1563, échevin en 1567, mort en 1570, père de Jean Maboul *sgr de Ribray* et de *la Douilletrie*, consul, pair en 1604, mort échevin en 1609.

Si nous passons aux *notes* d'Apollin Briquet, nous y verrons un Jacques Maboul, sieur du fief et maison noble de la Douilleterie, sise au village de Bourbiau, paroisse de Saint-Gelais, maire de Niort en 1554, échevin en 1555,

---

(1) *Mémoires* Soc. stat,, 2e série, v, 107.
La Chesnaye-Desbois décrit ainsi les armes des Maboul : *d'azur au chevron d'or accompagné de 3 besants de même et d'un croissant d'argent sous le besant en pointe.* Ce croissant n'existe pas dans l'*Armorial* de d'Hozier, *verbo* Maboul, Louis, écuyer, s^r de la Gabauge, conseiller du roi, lieutenant criminel de Niort.

(2) Une note extraite par Bardonnet du chartrier d'Aiffres nous apprend que François Maboul, seigneur de Riberay, échevin de Niort, avait épousé Marguerite Fouschier, sœur de Barnabé Fouschier, assesseur au siège royal de Fontenay-le-Comte, et qu'il mourut avant 1532 laissant *au moins* un fils mineur, Jacques Maboul, qui aurait été dans tous les cas l'aîné. Ledit Jacques Maboul était en 1532 sous la tutelle d'un oncle paternel, Giles Maboul, âgé de 58 ans, bourgeois de Niort, et de son oncle maternel, Barnabé Fouschier.

1557, 1562 et 1565, qui semble s'identifier avec le personnage du même nom porté à l'*Armorial*. Nous pensons qu'il en est de même pour Jacques Maboul, écuyer, sieur de *Ribray*, maire de Niort en 1545 et 1561, qui figure le premier dans *généalogie* des Maboul du même Briquet, sans mention dans les *notes*, et aurait épousé Christine Morin. Enfin nous irions jusqu'à croire que Jacques Maboul, échevin, sieur de Ribray, époux de Marie Dieulefit (1546-1557) (1), est toujours le même individu qui se serait marié deux fois.

De Jacques Maboul et de Marie Dieulefit naquirent :

1° Anry Maboul, le 29 décembre 1546, destinée inconnue.

2° François Maboul, le 9 octobre 1548, probablement le même qui épousa Françoise Guischard et en eut Jehan Maboul, né le 16 décembre 1601; Marie Maboul, née le 7 février 1606, et Magdeleine Maboul, née le 7 mai 1607.

3° Charlotte Maboul, née vers 1549, destinée inconnue.

4° Jehanne Maboul, née le 10 mars 1550 (2), qui épousa François Richier, fils de sire Jehan Richier et de Marie Gallier (contrat du 15 avril 1566, Brisset, p. m.).

5° Pierre Maboul, né le 20 août 1551 (3), destinée inconnue.

6° Guillaume Maboul, né le 8 juin 1553 (4). (Tige des Maboul de Champdeniers et de Fors.)

7° Il est indubitable que Jacques Maboul, fils de Jacques Maboul, *sgr de Ribray*, né le 7 août 1557 (5), est frère (au moins consanguin) des précédents. C'est sans doute le même qui fut sieur de la Vernaye (peut-être la Vergnaye

---

(1) Notes d'Apollin Briquet et extraits de l'état civil de Notre-Dame. (M. G. Laurence.) Jacques Maboul fut admis au nombre des 25 nobles et conseillers par résignation de Jehan Arnauldet, suivant délibération du 24 août 1550. *Revue d'Aunis*. 2ᵉ sem., 1869, p. 18.

(2) 1°-4°. Bapt. de Notre-Dame.

(3) Notes d'Ap. Briquet.

(4) Ibid.

(5) Ibid.

au bourg de Champdeniers), et épousa Jacqueline Tascheron (1). Mais Apollin Briquet s'est sûrement trompé en en faisant l'auteur de la branche de Champdeniers et de Fors. Destinée inconnue.

8° Enfin nous faisons de Jehan Maboul, *fils de feu Jacques, échevin*, mort avant le 28 août 1609, un huitième enfant de Jacques Maboul, maire (2).

Ce Jehan Maboul était en 1581 receveur de la commune de Niort (3). Il fut père : *A*. de Jehan Maboul, s^r de la Monginière, époux de Marguerite Thibault, dont il eut : 1° Jacques Maboul, né le 22 novembre 1626, sieur de la Monginière, demeurant au bourg de Prahecq, époux de Marie Garcin, 4 avril 1672. Papiers de la famille de Chaillé (Fonds Taury). 2° Marguerite Maboul, née le 24 janvier 1628. 3° Jean Maboul, né le 7 octobre 1629 (4). *B*. de Pierre Maboul, s^r du fief et mestayrie noble de Roussillon on gouvernement d'Aunis, époux de Paule Doreil, dont la postérité sera rapportée ci-après. *C*. de Jacques Maboul. *D*. et de Jehanne Maboul (5).

De Pierre Maboul, sieur de Roussillon, étaient issus autre Pierre Maboul, né le 16 avril 1607, et Jean Maboul, sieur de Roussillon, mort avant 1656, époux de Françoise Marchais. Ce dernier laissa deux filles :

1° Catherine Maboul épouse en 1656 d'André Moreau, sieur de la Morlière, conseiller en l'élection de Niort, fils d'autre André Moreau et de Marguerite Richier, dont Marie Moreau de la Morlière, épouse d'Etienne Boutheron de la Regnière, écuyer, conseiller du roi, lieutenant en la maréchaussée de Niort, mort avant le 23 août 1722, père et mère de Françoise-Elisabeth Boutheron, épouse

---

(1) Ap. Briquet, généalogie Maboul, man.
(2) Ce serait le dernier de l'*Armorial*.
(3) Lettres d'échevinage de Louis Arnauldet. (Arch. de la Vienne, pap. de Touchimbert.)
(4) Notes Briquet.
(5) *Rôle des maire, eschevins et conseillers de Niort, etc., dressé le 28 août 1609*. (*Armorial* Gouget, Niort, 1866.)

René Chauvegrain, lieutenant criminel en l'élection de Niort, dont Marie-Magdelaine Chauvegrain, épouse Mathurin Rouget de Gourcez, lieutenant général au siège royal et maire de Niort de 1769 à 1789, auteurs de Marie-Elisabeth Rouget de Gourcez, qui épousa en 1791 François Rouget, licencié ès lois, etc., etc.

2° Jeanne Maboul, seconde fille de Jean Maboul, sieur de Roussillon, et de Françoise Marchais, devint la femme de N... des Moulins, procureur en parlement, dont elle eut Jeanne-Louise des Moulins, morte sans enfants d'Hilaire Langlois, écuyer, conseiller du roi, correcteur à la chambre des comptes à Paris (1).

II. — BRANCHE DE CHAMPDENIERS ET DE FORS.

Guillaume Maboul, issu de Jacques Maboul et de Marie Dieulefit, né à Niort le 8 juin 1553, mort avant 1598, épousa :

1° N...
2° Françoise Guitton.

Eut du premier mariage, Jacques Maboul, qui s'unit en premières noces à Jehanne Morin (contrat du 9 juillet 1595), et reçut en juillet 1598, de Françoise Guitton, veuve et *seconde* femme de son père (de laquelle il n'était pas issu) la somme de 166 écus d'or 2/3, représentés en partie par l'auberge du *Chapeau-Rouge* sise dans la grand'rue à Champdeniers et attenant à l'auberge de la *Corne-de-cerf* (2).

En 1607, Jacques Maboul, sieur du *Chapeau-Rouge*,

(1) Généalogie Rouget, communiquée à M. Pineau, notaire à Champdeniers en 1826.

(2) Titres du Chapeau-Rouge communiqués par M. Lucien Lagaye. C'est donc à tort que Ap. Briquet (généalogie Maboul) donne Jacques Maboul, maire, sgr de Ribray, pour père de cet autre Jacques Maboul, dont il n'était que le grand-père.

habitait encore Champdeniers, en 1628, on le trouve à Gript, devenu veuf de Jehanne Morin, il s'était remarié à Louise Taschereau (1).

De cette seconde femme étaient issus :

1° Louis Maboul, écuyer, sieur des Villesneuves (ou de Villeneuve) et de Trélans, sgr châtelain de Montz-en-Prahecq avant 1650, procureur en parlement, puis avocat au Conseil et reçu le 10 mai 1639, conseiller, notaire et *secrétaire du roi,* maison et couronne de France, office dont il obtint ses lettres d'honneurs le 22 octobre 1668, demeurant rue Saint-Jacques, paroisse Saint-Benoist à Paris, inhumé dans l'église Saint-Benoist (Paris), le 14 décembre 1671 (2). Il avait épousé en mai 1639, Louise Commeau, fille de Toussaint Commeau, procureur en parlement, et d'Anne Chaussepied (3). Après la mort de son mari, Louise Commeau se rendit adjudicataire en 1685, aux requêtes du Palais, pour le prix de 96,000 livres, de la terre de Fors érigée en marquisat par les lettres patentes de mai 1639, registrées en parlement et à la chambre des comptes, le 30 août et le 31 décembre 1640, en faveur de François Poussard, marquis du Vigean, époux d'Anne de Neubourg, et saisie sur son fils François Poussard, époux de Charlotte d'Haussonville, en 1650 (4).

(1) Généalogie Maupetit, impr., communiquée par Mlle Proust-Maupetit, ancienne institutrice à Champdeniers. Il y a toute créance à accorder à cette généalogie, qui fit preuve en justice, et qu'Ap. Briquet n'a pas plus connue que les titres du Chapeau-Rouge.

(2) Ap. Briquet, généalogie Maboul.

(3) Fille de Louis Chaussepied, procureur en parlement, mort avant 1630, et de Françoise Recoy ? sœur : 1° de Françoise Chaussepied, épouse de François Gohier, conseiller du roi à Angers, mariage de 1630 ; 2° de noble homme Pierre Chaussepied, s^r de Puymartin, avocat en parlement ; 3° de Michel Chaussepied, procureur en ladite cour de parlement ; 4° et de N... Chaussepied, qui avait épousé Michel Courtain, procureur au grand conseil. (Note communiquée à Ap Briquet.)

(4) Fors était passé à cette famille le 13 mars 1494, par échange de Guy Poussard avec Artus de Vivonne contre les terres de Meursay et de Venours. (*Dict.* de M. Beauchet-Filleau). Fors appartenait aux Vivonne dès le commencement du XIIIe siècle, Guillaume de Vivonne, sgr de Fors, mourut

De la saisie à l'adjudication avait eu lieu une longue procédure au cours de laquelle François Poussard avait été assassiné, le 28 mars 1663, dans la forêt de Verrières, près Poitiers, ne laissant qu'un fils, Jean-Armand Poussard, dont la minorité ne permit sans doute pas de dégager le domaine de Fors, quoique cet enfant fût appelé à réaliser un jour 40,000 livres de rente en fonds de terre, valeur du temps. (*Etat du Poitou sous Louis XIV*. Rapport de Colbert de Croissy, p. 112.)

Cette procédure interminable ne fut sans doute pas étrangère à la donation que fit Louise Commeau, en 1686, du marquisat de Fors à Louis Maboul son fils, plus tard *maître des requêtes*.

Louise Commeau vivait encore en 1695, elle se retira chez sa fille Louise, à Alençon où probablement elle mourut (1).

Louis Maboul, *secrétaire du roi*, son mari, avait acquis le 19 décembre 1650 (2) de François Poussard, chevalier des ordres du roi, marquis de Fors et du Vigean, comte de Saint-Menou, baron de Chizé, Bazauge et de la châtelenie de Prahecq, demeurant en son hôtel, rue de Tournon à Paris, le seigneurie, moyenne et basse justice du bourg de Gript avec le droit de péage audit bourg et celui appelé le péage de Julles ou *de la Corde*.

---

avant le mardi après la translation de Saint-Nicolas 1264. Comte de Rochechouart. *Hist. des Rochechouart*, t. II, 282. Le 3 mars 1582, le roi de Navarre et le prince de Condé se rendaient à Fors pour assister aux noces et espouzailles de Charles Poussard, élevé enfant d'honneur de Jeanne d'Albret, avec Esther de Pons, fille de François de Pons, baron de Mirambeau, mariage qui transmit aux Poussard le marquisat du Vigean. Les princes n'en partirent que le lendemain à 5 heures du soir. Le *Journal de Michel Le Riche* note comme une chose mémorable que malgré la grande compagnie — les princes avaient pour leur part, amené 300 chevaux, — les pauvres gens d'alentour ne furent pas foulés, p. 353.

(1) Elle avait un frère, Pierre Commeau, époux de Marguerite Dellion, dont la postérité était représentée en 1823 par Pierre-Marie Commeau et Marguerite Hurteau Saint-Ossange, religieuse. (Généalogie Maupetit.)

(2) Cette vente qui concorde avec la saisie de Fors en fait deviner la cause.

La seigneurie de Gript relevait de Fors à hommage lige au devoir d'une paire d'éperons dorés à mutation de vassal, le fief commun de Gript, le fief Magneron et autres *appartenant déjà à l'acquéreur* durent être compris à l'avenir dans le même hommage et le même devoir aux termes de l'acte (1).

En outre Louis Maboul abandonnait au marquis de Fors la maison noble, terre et seigneurie de *Montz* en Prahecq qu'il avait acquise antérieurement, en partie avec les deniers de Louise Commeau, sa femme.

Louis Maboul, *secrétaire du roi*, laissa trois enfants dont nous parlerons en leur lieu.

2° Marie Maboul épouse René Maupetit de la Roche, *procureur* (2), dont les descendants étaient représentés en 1823 par les familles Maupetit, Deschamps, etc.

3° François Maboul apothicaire à Champdeniers, postérité inconnue.

4° Jacques Maboul, prieur de Saint-Martin-de-Pilly (3), probablement le même que Jacques Maboul, conseiller et aumônier du roi, chef, sgr et patron de Thuré, chanoine de l'église cathédrale d'Evreux (4). 21 février 1664.

Jacques Maboul sieur du Chapeau-Rouge, eut encore un cinquième fils dont la mère ne nous est pas connue, nommé François Maboul comme l'apothicaire (5), il fut *échevin* (6) de Niort, conseiller du roi aux eaux et forêts en Poitou, lieutenant, juge magistrat en la maréchaussée au siège de Niort, prit le titre d'écuyer, de sieur de la

---

(1) Reçu Claude Arneaudeau, p. m. et Estienne Jousseaulme, notaires et tabellions royaux, à Niort, au logis des Trois Pigeons. Arch. des Deux-Sèvres, B 179.

(2) Ap. Briquet, généalogie Maboul.

(3) Ap. Briquet, généalogie Maboul.

(4) Parrain de Jeanne-Marie-Augustine Boujeu. Notes de M. Texier juge de paix.

(5) Notes de M. Texier... 1645, 62...

(6) N'est indiqué ni par l'*Armorial* Bonneau ni par Ap. Briquet. Il vivait encore le 9 juin 1662.

Gabauge (paroisse du Beugnon), et du Colombier (paroisse de Champdeniers), et épousa Jeanne Coquereau, morte en 1662.

D'eux naquirent Louis Maboul, écuyer, sieur de la Gabauge et du *Chapeau-Rouge*, conseiller du roi, *président en l'élection* et lieutenant criminel à Niort, mort sans enfants (avant le 23 août 1722) de Catherine Lévesque, veuve de Charles Clément, lieutenant particulier au siège de Saint-Maixent, qu'il avait épousée en 1673, âgée de 43 ans (1).

Et Pierre Maboul, écolier, mort en 1660, enterré dans l'église de Champdeniers.

De Louis Maboul, *secrétaire du roi*, mort à Paris en décembre 1671 et de Louise Commeau étaient issus :

1° Louis Maboul, chevalier, marquis de Fors à la suite de la donation de sa mère en 1686, baron de Prahecq, sgr de Gript, etc., qui avait acheté la charge de procureur général des requêtes de l'hôtel, le 8 janvier 1672, pour 78,000 l. dont 38,000 l. comptant, de Nicolas-Joseph Foucault plus tard intendant du Poitou (1685-1689) (2), et avait épousé en octobre 1684 Anne-Marthe de Catheu (3) dont il devait se séparer de biens le 20 septembre 1692.

Le marquis de Fors reçu le 23 janvier 1695 en l'office de *maitre des requêtes de l'hôtel*, vendit sa charge de procureur général des requêtes le 6 du même mois, fut commissaire aux grands jours de Bretagne et mourut dans l'une

---

(1) A ce mariage assiste Pierre Coutineau, sr de Marcusson, conseiller du roi en l'élection de Saint-Maixent, cousin de l'époux. Généalogie Rouget.

En 1733, Pierre du Meynet touche *au lieu* de Louis Maboul pour augmentation de gages, conformément à l'édit d'octobre 1693, 28 l. 1 s. 4 d. Compte des receveurs des tailles pour 1733. Gages attribués à différents officiers créés depuis 1688.

(2) En 1674, il y eut au sujet de cette vente un procès bientôt terminé par sentence arbitrale. Mém. de Foucault in *Collection de doc. inéd. pour l'hist. de Fr.*, 16, 20, 21.

(3) Fille de François de Catheu et de Anne Lemoine, et petite-fille de Claude de Catheu et de Louise Passard. (Généalogie Maupetit.)

de ses terres le 24 décembre 1721, à l'âge de 77 ans. Son domicile habituel était à Paris, quai Malaquais.

Anne-Marthe de Catheu, sa veuve, mourut à Fors, âgée de plus de 91 ans et fut inhumée dans l'église de ce lieu, le 25 décembre 1753 (1).

Leurs six enfants sont mentionnés ci-après.

2° Jacques Maboul, né à Paris, entra dans les ordres. On le trouve peu après l'avènement de Mgr de la Poype à l'évêché de Poitiers en 1702, attaché à ce prélat à titre de grand vicaire ; après s'être appliqué à la conversion des hérétiques du Poitou (2), il fut promu lui-même à l'évêché d'Alet en 1708 et mourut dans son diocèse le 21 mai 1723 (3).

Honoré de l'estime du Régent, il rédigea à sa prière deux mémoires contre les jansénistes dont l'un fut dédié à son protecteur et l'autre adressé aux évêques de France.

L'évêque d'Alet a surtout brillé dans les oraisons funèbres. S'il est resté bien au-dessous de Bossuet et même de Fléchier, on lui reconnaît un style plein de douceur, égal et châtié, une éloquence touchante et persuasive. On admire dans ses discours la noblesse des sentiments, la profondeur des pensées, la précision et la justesse de l'expression, la majesté des figures (4).

A la mort du grand roi, ce fut lui qui fut désigné pour faire l'oraison funèbre à Notre-Dame (5), tandis que Quinqueran de Beaujeu, évêque de Castres, prononçait celle de Saint-Denis (6).

(1) Note communiquée à Ap. Briquet.
(2) Archives des Deux-Sèvres, D 1.
(3) Ch.-Louis Richard, *Dict. universel, hist., dogm., canon., géogr. et chron.*
(4) Lécuy. Biogr. Michaud.
(5) Journal de Mathieu Marais.
(6) Nous ne savons pourquoi le P. Le Long et la biographie Michaud ne disent rien de cette oraison funèbre dont il existe au moins deux éditions. *Oraison funèbre de très haut, très puissant et très excellent prince Louis XIV, roi de France et de Navarre* prononcée à Paris dans l'église Notre-Dame par Mre J. Maboul. Paris, Fournier, 1715, in-4°. Cat. Bibl. nat., et s. l. n. d., in-12, Bibliothèque de la ville de Niort.

On a encore de lui les oraisons funèbres des personnages suivants (1) :

Charles Legoux de la Berchère, archevêque de Narbonne.

Princesse Louise Hollandine, Electorale Palatine.

Marie-Françoise de Lezay-Lusignan, première prieure perpétuelle des religieuses de Notre-Dame de Saint-Sauveur de Puy-Berland en Poitou.

Grand dauphin fils de Louis XIV.

Duc et duchesse de Bourgogne.

Chancelier Michel Le Tellier.

3° Louise Maboul qui épousa en 1682 Pierre Hatte, chevalier, sgr des Mureaux, trésorier de France à Alençon, en procès avec son beau-frère le *maître des requêtes*, pour le paiement de la dot de sa femme en 1695. (Mémoire imprimé de ce procès cité par Ap. Briquet, généalogie Maboul.) Postérité inconnue.

D'après Ap. Briquet (2), six enfants naquirent de Louis Maboul, *maître des requêtes*, et d'Anne-Marthe de Catheu.

1° Louis-Marie Maboul, mort le 3 novembre 1694, paroisse de Saint-Sulpice à Paris, âgé de 7 ans et inhumé à l'*Ave Maria*.

2° Anne-Marthe-Louise Maboul — mademoiselle de Fors — mariée le 24 juin 1725 à Jean-Emmanuel de Crussol d'Uzès, comte d'Amboise d'Aubijoux, né le 25 janvier 1699, mort le 29 août 1735, morte elle-même à Paris le 17 août 1779 (3) laissant un fils unique Anne-Emmanuel-François-Georges de Crussol, comte d'Uzès, d'Amboise d'Aubijoux, né le 30 mai 1726, successivement capitaine de grenadiers, président aux conseils du roi, lieutenant général de ses armées, député de la noblesse du Poitou aux états généraux qui périt sous la hache révolutionnaire

---

(1) Imprimées à part, in-4°, et réunies en un vol. in-12, sous le titre : *Recueil des oraisons funèbres prononcées par Mgr Maboul, ancien évêque d'Alet, 1748*.

(2) Généalogie Maboul.

(3) Arch. des Deux-Sèvres, B 221.

le 23 thermidor an II (26 juillet 1794) ne laissant *ni enfants, ni frères, ni neveux,* après avoir hérité de toute la fortune des Maboul de Fors. (Il avait épousé le 13 mars 1747 Claude-Louise-Angélique Bersin, dont il eut Louis-Emmanuel de Crussol, né en 1749, mort en 1751) (1).

3° Suzanne-Anne Maboul, née le 14 et baptisée le 17 août 1694, morte quai Malaquais chez son père, âgée de 9 jours, le 23 et inhumée le 24 à l'*Ave Maria*.

4° Louis Maboul, né le 19 et baptisé le 21 septembre 1695, mort avant 1757.

5° Louis-François Maboul, marquis de Fors, avocat en parlement, pourvu de l'office d'avocat général aux requêtes de l'hôtel par provisions du 14 avril 1718, reçu le 10 mai, sur lettres de dispense d'âge et de parenté à cause de Louis Maboul son père, maître des requêtes, du 7 avril 1718 enregistrées le 6 mai. Reçu *maître des requêtes* le 24 février 1722, après la mort de son père, sur lettres de dispense d'âge et de service du 12 février 1722. Obtint du roi une pension de 4,000 livres en décembre 1737 (2), fut le seul enfant de la défunte qui assista à Fors, le 29 octobre 1755, à la bénédiction de la chapelle qu'il avait bâtie conformément aux volontés d'Anne-Marthe de Catheu sa mère (3), se trouva l'un des deux *maîtres des requêtes* adjoints en janvier 1726 à la prévôté du palais de Versailles pour instruire le procès du régicide Pierre Damiens (4), et mourut en août 1757 (5).

(1) Communication de notre collègue M. de Cumont, conseiller général des Deux-Sèvres.
(2) Ap. Briquet, généalogie Maboul.
(3) Note communiquée à Ap. Briquet.
(4) L'autre se nommait Villeneuve. *Journal* du marquis d'Argenson, ix, 384.
(5) « La mort de M. de Maboul est effrayante. A huit heures, il a dit à son valet qu'il se trouvait bien faible, à huit heures et demie il dit : ma faiblesse augmente ; à neuf il était mort sans avoir été malade. Il a une sœur aînée qui s'appelle Madame la marquise de Crussol. M. Maboul a une autre sœur qui n'a point été mariée et qui, je crois, ne se mariera point. Il laisse plus de 40,000 livres de rente. C'est une perte pour le Conseil. Il avait bien du

6° Marie-Valentine-Jacquette-Françoise Maboul — Mlle de Prahecq — célibataire en 1711 et en 1757.

III.

Par testament olographe, M. de Crussol avait légué à Jean-Armand de Bessuéjouls de Roquelaure, ci-devant évêque de Senlis, aumônier et conseiller du roi, abbé de la Victoire et de Saint-Germer et membre de l'Académie Française (1) « ce que la coutume lui permettait de donner sur ses terres situées en Auvergne et en Poitou, laissant ce qui appartenait à ses héritiers tant paternels que maternels suivant la coutume. »

Cette succession donna lieu à un partage en l'an VI, attaqué vingt-cinq ans plus tard par de nouveaux héritiers dans la branche maternelle dont les prétentions n'ont pas peu contribué à élucider la filiation de la famille Maboul.

La part était grosse, tous en Poitou se crurent parents de M. de Crussol, le grave Apollin Briquet y songea même pour des amis et cette préoccupation ne l'avait point encore abandonné en 1859. Ces prétendants croyaient remonter à Françoise Chaussepied (2), mariée en 1630 à François Gohier, conseiller du roi à Angers et sœur d'Anne Chaussepied, épouse de Toussaint Commeau, *trisaïeul du de cujus.*

---

talent et de l'esprit ; fort au fait de la librairie, M. le Chancelier l'aimait fort. Il avait le plus grand crédit sur M. Daguesseau. » *Mémoires du duc de Luynes sur la Cour de Louis XV*. Edition Dussieux et Soulié, t. xvi, 143. (Lettre du duc de Luynes datée de Saint-Ouen, le 14 août 1757.)

(1) Il y avait des alliances entre les de Crussol d'Amboise et les Bessuéjouls de Roquelaure. (De Courcelles, *Hist. gén. des pairs de France*, t. vi, 242.)

(2) Mère de Madeleine Gohier, épouse de René Le Tellier, s^r de Bois-David, dont André Le Tellier, s^r de Bois-David, qui avait épousé en 1709, 24 janvier, Marthe Bourdet, demeurant à *la Voûte, paroisse de Sainte-Ouenne*, dont autre André Le Tellier, s^r de Bois-David, etc., etc.

De tous ces nouveaux prétendants, les descendants de Marie Maboul, épouse de René Maupetit de la Roche, prouvèrent seuls leur aptitude à l'hérédité d'une menue part de la succession, et de fait, leur ancêtre était sœur de Louis Maboul, secrétaire du roi, *bisaïeul* de M. de Crussol.

En 1826, l'affaire était toujours pendante, à cette époque M. Rouget, juge au tribunal de Niort, qui descendait par sa grand'mère maternelle, née Chauvegrain, de Jean Maboul, sieur de Roussillon, écrivait à M. Pineau, notaire à Champdeniers, pour le prier de déterminer la parenté de son quadrisaïeul avec Louis Maboul, *secrétaire du roi,* mort en 1671. Ces recherches dans lesquelles le prédécesseur de mon père fut aidé par M. Texier, juge de paix, leur firent passer en revue toutes les minutes de notaires (1), et presque tous les papiers existant alors à Champdeniers. Si leur résultat fut négatif quant à leur but principal, elles prouvèrent tout au moins la parenté des enfants de Jean Maboul, sieur du Roussillon, et de ceux de Jacques Maboul, sieur du Chapeau-Rouge.

Au contrat de mariage de Catherine Maboul, fille dudit Jean Maboul, avec André Moreau, sieur de la Morlière, conseiller en l'élection de Niort, en 1656, figure Pierre Maboul, de Gript, *cousin de la future*, mandataire de François Maboul, sieur de la Gabauge, aussi cousin, fils de Jacques Maboul, sieur du Chapeau-Rouge, et frère de Louis Maboul, secrétaire du roi.

Enfin les biens de Louis Maboul de la Gabauge, fils dudit François Maboul, passèrent au moins en partie à Jeanne-Louise des Moulins, épouse Langlois, fille de Jeanne Maboul, sœur de Catherine Maboul, femme d'André Moreau de la Morlière. La dame Langlois céda

---

(1) M. Pineau estime que les trois quarts des minutes de notaires avaient disparu depuis 1789. D'autres avaient été transportées à Cherveux, Saint-Maixent, la Mothe-Saint-Héraye, Gript, Melle et Parthenay. Les écoliers des instituteurs avaient pendant longtemps reçu des minutes pour apprendre à lire l'écriture ancienne, mais un bien plus grand nombre avait péri par l'humidité ou avait été employé par les épiciers.

ses droits à sa cousine germaine Marie Moreau de la Morlière, femme d'Etienne Boutheron de la Regnière (1), fille de Catherine.

Il y avait loin de là, il est vrai, à l'aptitude de la famille Rouget à l'hérédité de Crussol, la séparation des deux branches remontant jusqu'à Marie Maboul représentée par la famille Maupetit (2).

IV. — LE CHATEAU DE FORS.

Au moment où Louise Commeau abandonnait le marquisat de Fors au futur maître des requêtes (1686), l'abbé d'Estrades, prieur de Fors, reprenait contre lui les réclamations qu'il avait déjà produites avec les habitants de la paroisse lors de l'adjudication, et ce n'était peut-être pas sans raison que de Morillon, rapporteur de Louis Maboul, l'accusait d'être l'homme de paille de « M. du Vigian » alors parvenu à sa majorité et qui ne devait pas voir sans peine l'aliénation définitive de la belle terre que sa famille avait possédée pendant deux siècles.

Il existe à la bibliothèque de la ville de Niort un imprimé où sont formulés tous ces griefs, c'est le *Mémoire de M. Maboul servant de réponse au factum de M. l'abbé d'Estrades, prieur de Fors* (3).

Cette brochure jusqu'ici inutilisée est surtout intéressante par les renseignements qu'elle fournit sur le

(1) En 1713, Marie Moreau était vivante et habitait Champdeniers.

(2) Avant de laisser la famille Maboul, il nous faut déclarer que la prétention de faire figurer dans une généalogie tous les membres qui ont habité Niort ou les environs nous est étrangère. Nous avons négligé ceux que nous n'avons pu faire rentrer dans une filiation suivie, mais s'ils sont très nombreux ils ne nous ont pas paru offrir un grand intérêt. Nous n'avons eu d'autre but, en un mot, que de prouver, contrairement à l'opinion de La Chesnaye Desbois, que la famille Maboul n'est point originaire de Paris, mais bien du pays niortais.

(3) S. l. n. d., mais postérieur à 1685.

superbe château que François Ier avait fait bâtir pour Anne Poussard, sa maîtresse, alors qu'il n'était que simple duc d'Angoulême (1).

On y voit que le périmètre du château occupait l'emplacement *de l'église, du prieuré et du cimetière* de la paroisse de Fors, mais le plus curieux, c'est de voir d'Estrades joindre à la demande de ces terrains dont l'enclavement était reconnu de tous, celle fort inattendue d'une « ménagerie du prieuré ». On lui répondait avec beaucoup de raison « qu'il n'y en avait jamais eu d'autre que celle du chasteau basti par les libéralitez de François Ier *pour une belle personne* qui l'a porté dans la maison de Poussar, sur laquelle la terre a esté vendue. Il en reste plusieurs monuments et surtout une grande pompe qui fournissoit de l'eau à tous les endroitz de la ménagerie, mesme aux offices et cuisines du chasteau, c'est ainsi que s'explique la saisie réelle, l'enchère de quarantaine et le décret, il y a cent cinquante ans que le tout est dans l'état où on le voit.....

« Cette avant-cour ne contient en bastiment et en estendue, dans toutes ses dimensions, qu'environ un arpent trois quartiers....

« M. l'abbé d'Estrades dit que la *ménagerie du chasteau est sa métairie* (1), une métairie n'a pas de pompes pour fournir de l'eau à des cuisines, des offices, des fontaines ; elle n'a pas *vingt grandes loges pour toutes sortes d'animaux*, avec des timbres et des abreuvoirs ausquels l'eau de cette pompe est distribuée par des tuyaux de plomb qui y sont encore.

« Une métairie n'a pas un *colombier* qui est encore regardé avec curiosité comme un ouvrage d'architecture singulier. Ce colombier est *double*, il y en a un de pierre ouvragée qui est comme le centre d'un plus grand qui

---

(1) *Etat de l'Election de Niort en 1716.* 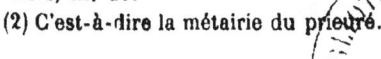 de la Soc. de statistique 3ᵉ série, III. 46.

(2) C'est-à-dire la métairie du prieuré.

l'environne, qui a trente-six pieds de diamètre et par conséquent cent huit pieds de tour. Une métairie est composée de petits bastiments rustiques, propres pour l'exploitation de quelques terres et il n'y a rien là que de grand, la fameuse *sallemandre* (1) qui est encore au haut de la pompe et au-dessus de la porte du colombier est un monument précieux qui ne convient pas à une petite cabane telle qu'une métairie,

Non talia ferunt insignia pauperes tabernæ.

« Tout cela serait, à la vérité, digne d'un maître plus élevé que n'est le sieur Maboul; mais M. l'abbé d'Estrades ne lui enlèvera pas pour cela et il ne fera pas passer un monument très magnifique pour une petite maison de paysan. »

Ce second procès soulevé par le prieur de Fors ne contenait pas moins de quinze chefs de demandes (2). Celles qui restent à examiner ne fourniraient malheureusement aucun autre détail sur le château offert par François Ier *à la belle personne* qui fut sa première maîtresse. Notons seulement que Maboul déclare remplir toutes les charges religieuses et charitables du prieuré qui se montent à plus de 500 l. par an. Ces charges incombaient-elles au seigneur de Fors par suite de l'occupation des anciennes dépendances du prieuré ?

L'*Etat de l'élection de Niort en 1716* (3) nous montre le château de Fors « comme en ruyne » quand le maître des requêtes le reçut en don de sa mère ; en 1716 rien ne faisait défaut à son rétablissement. « On avoit suivi le même ordre d'architecture, sans y rien changer. »

(1) François Ier avait donc pris cet emblème avant son accession au trône.

(2) Le cinquième chef est relatif à un pré sis à Brenegoue et à cinquante-six journaux de terre adjugés au seigneur de Fors en 1594 par les commissaires du roi pour la vente des biens ecclésiastiques « pour la subvention accordée à Henri III qui n'a esté achevée que sous Henri IV ».

(3) *Mém.* de la Soc. de stat., 3e série, III, 46.

« Il manquoit d'eau et n'étoit point boisé. » On avait suppléé à ce défaut de verdure en faisant planter des avenues magnifiques et des allées de marronniers et de charmilles, aussi disait-on que ce château avait plus d'agréments que jamais.

Malheureusement une aile du côté du midi qui vint à tomber ne fut pas relevée, et après la mort de son mari, les embellissements obtenus à grands frais ne furent pas entretenus par Anne-Marthe de Catheu, elle aima mieux acheter et faire démolir un grand nombre de petites maisons qui encombraient ses jardins.

En 1744 « le château quoique détruit en partie, le surplus sans réparations, *avait encore un air de grandeur* ».

La terre de Fors, relevant du château de Niort avec le titre de marquisat, avait des droits *dans vingt paroisses*. Le prieuré de Notre-Dame de Fors, à la présentation du prince de Condé, avait l'abbé de Fortia pour titulaire et valait 6,000 l. de rente, sans le moindre revenu dans Fors où il était obligé d'entretenir un vicaire (1). Le seigneur n'avait donc plus à sa charge le service religieux à cette époque.

Après l'exécution de M. de Crussol, ses biens furent tout d'abord confisqués au profit de la République. Restitués à ses héritiers, conformément à la loi du 21 prairial an III, ils donnèrent lieu à un partage entre les deux lignes, le deuxième lot échut à la branche paternelle représentée : pour un quart par Marie-Louise-Victoire de Crussol, veuve de Henry-Charles de Senecterre, émigrée, dont la part passa à la nation ; pour une moitié par Jean-Armand Bessuéjouls de Roquelaure, ci-devant évêque de Senlis ; et pour le dernier quart à Madame Spinola.

En conséquence, quatre divisions furent faites dans ce second lot. La première et la quatrième tombèrent audit J.-A.-B. de Roquelaure. (14 prairial an VI.)

(1) *Etat de 1744*, l. c., 311-12.

Le 7 prairial an XI, Mgr de Roquelaure, devenu archevêque de Malines, reconnaissait les droits à l'hérédité de plusieurs nouveaux prétendants (1). Vu la difficulté du partage on convint de vendre à l'enchère, et Moriceau, notaire à Niort, fut chargé de cette opération.

En conséquence, le *château de Fors*, les métairies de Lombreuil, de la Chamerie et les borderies en dépendant furent adjugés le 12 frimaire an XI à Cécile Berthelin de Montbrun, épouse non commune de Philippe-Xavier Brochard de la Rochebrochard, demeurant ordinairement commune d'Aiffres.

L'affiche rédigée à cette occasion (2) nous fait connaître l'état du château au commencement du siècle. On verra qu'il était encore intact à part l'aile écroulée.

« Le château de Fors est composé d'un corps de logis de cent piés de longueur et flanqué de trois grosses tours, *une ailé* en retour aussi de cent piés de longueur : les murs de la façade ont environ 35 pieds de hauteur, ceux de l'aile 25, comptés du niveau des terres ; le tout couvert en ardoises, avec mansarde, *orné de bas-reliefs et sculpture,* de superbes greniers, double cave dont la première sert ordinairement de grenier souterrain, le tout circonscrit par d'anciennes douves, basse-cour en face (au levant) (3), le parterre ensuite symétriquement planté d'arbres toujours verds (4).

« Vis-à-vis, une superbe avenue composée d'une grande allée et deux allées latérales, elle a environ un kilomètre de long et elle est plantée d'à peu près cinq cents ormeaux : au bout est encore une plantation de *mûriers* (5).

(1) Nous avons déjà dit que ce partage, quoique suivi de vente, devait être attaqué dans la suite.
(2) Placard in-folio, Niort, E. Dépierris aîné, impr.-libr., rue du Peuple, n° 891.
(3) Acte de vente.
(4) Le parterre est devant le principal logement. (Acte de vente.)
(5) Le long de la garenne au couchant. (Ibid.)

« A l'entrée du château sont aussi deux cours, dans la première desquelles sont les granges, écuries, toits, brûlerie ; dans la seconde un grand cellier et autres servitudes.

« Au dehors sont encore quelques arbres : le terrain planté en marronniers distribués en allées joignant lesdites cours et douves est clos de murs ; ils formaient l'ancienne enceinte du château. De l'autre côté sont également deux allées latérales plantées en marronniers ; un petit pré à côté clos de murs à pierre sèche ; les jardins avec terrasse qui les sépare, la fruitière ; le tout planté d'arbres d'utilité et d'agrément et pouvant contenir 6 hectares 70 centiares.

« Tout cela est orné d'une garenne de 4 hectares au moins, suffisamment garnie de baliveaux. Ces différentes pièces entourent le château.

« *Nota*. — Le château de Fors fut bâti par François Ier au commencement du xvie siècle. Il est d'une belle architecture et bien conservé. Il suffirait à l'établissement d'une manufacture considérable (1). »

Aujourd'hui le château de Fors n'est plus qu'une ruine informe située à une centaine de mètres à l'occident de la gare du chemin de fer de l'Etat. Il ne reste aucune trace du magnifique colombier, de la pompe et de la ménagerie que ne signalent même déjà plus l'affiche et l'acte de vente de l'an XI. La basse-cour n'a gardé qu'un portail voûté sans caractère menacé d'une ruine prochaine.

Deux pans de mur, dont l'un fort étroit conserve une grande hauteur, indiquent seuls de loin l'emplacement de l'ancien château encore circonscrit par ses douves qui forment un plan carré. Aucun débris de sculpture ne jonche le sol, à peine avons-nous rencontré dans une ferme située à l'ouest l'aiguille d'un clocheton en pierre dans le goût du xvie siècle. On nous apprend qu'il existe

---

(1) Communiqué obligeamment par notre collègue M. Louis Breuillac, notaire.

chez le propriétaire, M. Arnault-Braud, une tête sculptée (1).

Rien ne subsiste des anciennes plantations si ce n'est quelques cyprès bien en rapport avec la tristesse de ces lieux.

Pendant longtemps les épaves du splendide mobilier de Fors ont fait la joie des collectionneurs. Un très beau bahut appartenant alors à feu M. Plasse, notre collègue, a figuré à l'Exposition de Niort en 1865.

Léo Desaivre.

---

(1) Les ruines du château de Fors ont été achetées de la famille de la Rochebrochard d'Aiffres par M. Arnault, il y a quelques années.

Saint-Maixent. — Impr. Reversé.

www.ingramcontent.com/pod-product-compliance
Lightning Source LLC
Chambersburg PA
CBHW060933050426
42453CB00010B/1997